EMMAN
MOSES ME

CW01664796

Qu'est-ce que les Lumières ?

Établissement de l'édition,
notes et postface par
Cyril Morana

Traductions de l'allemand par
Dominique Bourel et par Stéphane Piobetta,
revues par Cyril Morana

Couverture de
Olivier Fontvieille

ÉDITIONS MILLE ET UNE NUITS

EMMANUEL KANT
MOSES MENDELSSOHN
n° 508

Le présent recueil est composé de deux articles publiés par la revue *Berlinische Monatsschrift* à trois mois d'intervalle.

- Moses MENDELSSOHN : *Über die Frage : Was heißt aufklären* ? [« Sur la question : que signifie *"aufklären"* »], paru en septembre 1784.
Traduction de l'allemand par Dominique Bourel, *in Revue Dix-huitième siècle*, n°10, 1978, pp. 22-26, revue par Cyril Morana.
- Emmanuel KANT : *Beantwortung der Frage : Was ist Aufklärung* ? [« Réponse à la question : "Qu'est-ce que 'les Lumières' ?" »], publié en décembre 1784.
Traduction de Stéphane Piobetta, in *La Philosophie de l'Histoire*, Éditions Gonthiers, Montaigne, 1947, revue par Cyril Morana. D.R.

Notre adresse Internet : www.1001nuits.com

ISBN : 978-2-84205-967-0

Sommaire

Présentation

En septembre 1783, la Berlinische Monatsschrift, *revue berlinoise emblématique des Lumières qui vient d'être créée*[1]*, fait paraître un article, signé d'un certain E.v.K, en réalité Johann Erich Biester, l'éditeur de la revue lui-même. Elle lance ainsi dans l'une de ses toutes premières livraisons une question qui va susciter bien des réactions, dont celles, indirectes, des deux philosophes Mendelssohn et Kant. Inti-*

1. Publiée de 1783 à 1811, sous la direction de J. E. Biester et F. Gedike, elle compte parmi ses contributeurs réguliers, outre Mendelssohn et Kant, qui lui a confié une quinzaine d'articles dont les incontournables « Qu'est-ce que s'orienter dans la pensée ? » et « Idée d'une histoire universelle d'un point de vue cosmopolitique », Benjamin Franklin, Mirabeau, Jefferson, Garve, Nicolaï et Humboldt. La bibliothèque universitaire de Bielefeld propose en ligne la collection complète des numéros numérisés : www.ub.uni-bielefeld.de/diglib/aufkl/berlmon. On peut lire la reproduction des articles les plus significatifs de la revue dans l'ouvrage de P. Weber, *Berlinische Monattsschrift (1783-1796), herausgegeben von F. Gedike und J. E. Biester*, Leipzig, Reclam, 1986.

tulé « Vorschlag, die Geistlichen nicht mehr bei Vollziehung der Ehen zu bemühen », *que l'on peut traduire par l'ironique « Proposition qui vise à ne plus déranger les prêtres pour célébrer les mariages », cet article est un plaidoyer en faveur du mariage civil. Biester y défend les progrès d'une émancipation de la tutelle de l'Église dans son pays et s'insurge contre la religion qu'il qualifie d'« obscure superstition », aux effets funestes pour le peuple. Pis encore, la religion y est condamnée comme inutile, inefficace et facteur de déstabilisation sociale. C'est la raison pour laquelle, selon lui, une réduction du pouvoir religieux en faveur de celui de l'État est nécessaire. Soustraire le mariage à toute emprise religieuse est une entreprise très symbolique : le mariage est l'unique contrat légal qui bénéficie d'une sacralisation religieuse ; cette sacralisation lui confère une dimension toute particulière au regard des autres actes légaux, dont l'importance est, de ce fait, relativisée. En prônant l'uniformisation de la valeur de tout contrat légal, mariage compris, Biester, en bon représentant des Lumières, plaide en vérité en faveur de l'abolition du statut exceptionnel accordé en droit à la religion, et réclame son retrait progressif de la vie publique et institutionnelle. En résumé, on peut et l'on doit se passer de la sanction religieuse pour le mariage, ainsi que de tout ce qu'elle implique, ce que tout homme éclairé est en mesure de comprendre.*

À la lecture de ce texte, le pasteur et Popularphilosoph *Johann Friedrich Zöllner, premier pasteur de l'Église Saint-Nicolas, membre de la célèbre* Berliner Gesellschaft für Aufklärung wirkender Gelehrter, *protégé de Frédéric II et de son ministre von Zedlitz, décide de répondre à Biester sur-le-champ. Son article* « Ist es ratsam, das Ehebündnis nicht ferner durch die Religion zu sanzieren ? » *(« Est-il bien opportun de ne plus sanctionner religieusement le lien du mariage ? »), qui paraît dans le numéro de décembre 1783, réplique, point par point, à celui de Biester. Non, la religion n'est point un facteur de déstabilisation sociale et, en des temps décadents, elle constitue au contraire un rempart à l'immoralité. Pour l'heure, les hommes ont plus besoin de religion que d'éclaircissements philosophiques. Sacraliser la société en lieu et place de Dieu, c'est commettre une grossière erreur : ce n'est pas du peuple seul que peut venir la moralisation du corps social. Zöllner ne conspue pas tant les Lumières, dont il est l'un des défenseurs éclairés, que leur usage excessif et par trop universel. Une place doit être faite à la religion dans la société si les Lumières veulent continuer de jouer le rôle positif qu'elles ont incarné au moment de leur essor, au milieu du siècle. Prudent, Zöllner s'interroge à la fin de son article : « "Qu'est-ce que les Lumières ?" Cette question qui est presque aussi importante que : "Qu'est-ce que la vérité ?" devrait bien recevoir une réponse avant que l'on ne commence à éclairer ! Et jusqu'à présent, je n'ai trouvé la réponse nulle part ! » Par-delà la question du mariage civil, quelle est l'influence véritable des Lumières sur les sociétés européennes à la fin du XVIIIe siècle, en particulier en Allemagne ?*

La question de Zöllner est pertinente : que sont ces Lumières dont les contemporains ont tant de mal à cerner la véritable essence ? L'heure est au bilan, alors que le doute a succédé à l'optimisme – nous sommes à seulement cinq années de la Révolution française. La question de Zöllner incite Mendelssohn et Kant à apporter, chacun de leur côté – l'un ignorant que l'autre a eu la même idée –, une réponse en forme de manifeste. Ce sont ces deux réponses que publie la Berlinische Monatsschrift, *respectivement en septembre et en décembre 1784, et que nous présentons ici.*

Cyril MORANA

EMMANUEL KANT
MOSES MENDELSSOHN

Qu'est-ce que les Lumières ?

Emmanuel Kant

Réponse à la question : « Qu'est-ce que "les Lumières" ? »

L'*Aufklärung*, les Lumières, c'est *la sortie de l'homme de sa minorité, dont il est lui-même responsable. Minorité*, c'est-à-dire incapacité de se servir de son entendement sans la direction d'autrui, minorité dont il est lui-même responsable, puisque la cause en réside non dans un défaut de l'entendement, mais dans un manque de décision et de courage de s'en servir sans la direction d'autrui. *Sapere aude* [1] *!* Aie le courage de te servir de ton *propre* entendement[2]. Telle est la devise des Lumières.

---

1. Formule d'Horace, dans ses *Épitres* (I, 2, 40), qui signifie littéralement : « Ose savoir ! » Elle était la devise qu'avaient choisi, en 1736, les « Amis de la Vérité » (*Aletophilen*), sorte de société savante secrète, créée sur le modèle maçonnique, dont l'objectif était de diffuser et de rendre populaire la philosophie de Leibniz et de Wolff. [Toutes les notes sont de l'éditeur, Cyril Morana.]
2. En 1790, dans la *Critique de la faculté de juger*, Kant écrit : « La première maxime (penser par soi-même) est celle d'une raison qui n'est jamais passive. Le penchant à la passivité, et par conséquent à l'hétéronomie de la raison, s'appelle préjugé ; le plus grand

La paresse et la lâcheté sont les causes qui expliquent qu'un si grand nombre d'hommes, après que la nature les a affranchis depuis longtemps d'une direction étrangère (*naturaliter maiorennes*[3]), restent cependant volontiers, leur vie durant, mineurs, et qu'il soit si facile à d'autres de se poser en tuteurs des premiers. Il est si aisé d'être mineur ! Si j'ai un livre, qui me tient lieu d'entendement, un directeur, qui me tient lieu de conscience, un médecin, qui décide pour moi de mon régime, etc., je n'ai vraiment pas besoin de me donner de peine moi-même. Je n'ai pas besoin de penser, pourvu que je puisse payer ; d'autres se chargeront bien de ce travail ennuyeux. Que la grande majorité des hommes (y compris le sexe faible tout entier) tienne aussi pour très dangereux ce pas en avant vers leur majorité, outre que c'est une chose pénible, c'est ce à quoi s'emploient fort bien les tuteurs qui, très aimablement, ont pris sur eux d'exercer une haute direction sur l'humanité. Après avoir rendu bien sot leur bétail, et avoir soigneusement pris garde que ces paisibles créatures n'aient pas la permission d'oser faire le moindre pas

---

de tous consiste à se représenter la nature comme n'étant pas soumise aux règles que l'entendement lui donne pour fondement grâce à sa propre loi essentielle, et c'est la superstition. La libération de la superstition s'appelle les Lumières » (§ 40).

3. « Naturellement majeurs », adultes du point de vue de la nature.

hors de la voiture d'enfant[4] où ils les tiennent enfermées, ils leur montrent le danger qui les menace, si elles essaient de s'aventurer seules au-dehors. Or, ce danger n'est vraiment pas si grand ; car elles apprendraient bien enfin, après quelques chutes, à marcher ; mais un accident de cette sorte rend néanmoins timide, et la frayeur qui en résulte détourne ordinairement de l'envie d'en refaire l'essai.

Il est donc difficile pour l'individu de s'arracher à la minorité, qui est presque devenue pour lui un état naturel. Il y a même pris goût, et il est pour le moment réellement incapable de se servir de son propre entendement, parce qu'on ne l'a jamais laissé en faire l'essai. Institutions et formules, ces instruments mécaniques d'un usage de la raison, ou plutôt d'un mauvais usage raisonnable des dons naturels[5],

---

4. Kant désigne ce que Françoise Proust traduit par « roulette d'enfant » (*Cf.* Kant, *Vers la paix perpétuelle. Que signifie s'orienter dans la pensée ? Qu'est-ce que les Lumières ?*, trad. par F. Proust, GF, 1991, p. 44). Le mot allemand *Gängelwagen* désigne ce que nous pourrions aujourd'hui assimiler à un « youpala », le trotteur où l'on place les enfants qui commencent l'apprentissage de la marche et que l'on aide ainsi à faire leurs premiers pas. Le mot *Gängelwagen* va connaître une prospérité dans la littérature allemande en tant que métaphore de la minorité intellectuelle : les « tuteurs » maintiendraient le « mineur » sous tutelle, tel un bambin encore incapable de prétendre à une quelconque autonomie.

5. Comment un usage raisonnable des dons naturels pourrait-il être mauvais ? Si la formule est paradoxale dans la perspective

voilà les grelots[6] que l'on a attachés aux pieds d'une minorité qui persiste. Quiconque même les rejetterait ne pourrait faire qu'un saut mal assuré par-dessus les fossés les plus étroits, parce qu'il n'est pas habitué à remuer ses jambes en liberté. Aussi sont-ils peu nombreux ceux qui sont arrivés, par le propre travail de leur esprit, à s'arracher à la minorité et à pouvoir marcher d'un pas assuré.

Mais qu'un public s'éclaire lui-même rentre davantage dans le domaine du possible, c'est même, pour peu qu'on lui en laisse la liberté, à peu près inévitable. Car on rencontrera toujours quelques hommes qui pensent par eux-mêmes, parmi les tuteurs patentés de la masse et qui, après avoir eux-mêmes secoué le joug de la minorité, répandront l'esprit d'une estimation raisonnable de sa valeur propre et de la voca-

---

kantienne, il n'en demeure pas moins que quiconque se place sous la tutelle d'un tuteur soumet son entendement mineur à une autorité intellectuelle majeure. Il y a effectivement ici quelque rationalité, quelque logique presque pédagogique ; mais en cela, il renonce à exploiter et à faire progresser par lui-même ce don de la nature qu'est la raison en lui, il se contente alors d'une pensée par procuration, d'un mauvais usage raisonnable de ses dons naturels.

6. Ces grelots doivent être ici assimilés à des entraves. Le grelot symbolise le jeu et l'immaturité, il est cette trace vivace de l'enfance qui constitue un sérieux obstacle à la sortie de l'état de minorité.

tion de chaque homme à penser par soi-même. Notons en particulier que le public qui avait été mis auparavant par eux sous ce joug les force ensuite lui-même à se placer dessous, une fois qu'il a été incité à l'insurrection par quelques-uns de ses tuteurs incapables eux-mêmes d'accéder aux Lumières : tant il est préjudiciable d'inculquer des préjugés parce qu'en fin de compte ils se vengent eux-mêmes de ceux qui en furent les auteurs ou de leurs devanciers. Aussi un public ne peut-il parvenir que lentement aux Lumières. Une révolution peut bien entraîner une chute du despotisme personnel et de l'oppression intéressée ou ambitieuse, mais jamais une vraie réforme de la méthode de penser ; au contraire, de nouveaux préjugés surgiront qui serviront, aussi bien que les anciens, de lisière à la grande masse privée de pensée.

Or, pour propager ces Lumières, il n'est rien requis d'autre que la *liberté* ; et, à vrai dire, la liberté la plus inoffensive de tout ce qui peut porter ce nom, à savoir celle de faire un *usage public* de sa raison dans tous les domaines. Mais j'entends présentement crier de tous côtés : « *Ne raisonnez pas !* » L'officier dit : « Ne raisonnez pas, exécutez ! » Le percepteur[7] : « Ne raisonnez pas, payez ! » Le prêtre : « Ne raison-

7. Stéphane Piobetta traduit par « financier », nous lui préférons « percepteur », qui correspond bien mieux à l'allemand *Finanzrat.*

nez pas, croyez ! » Il n'y a qu'un seul maître au monde qui dise : « *Raisonnez* autant que vous voudrez et sur tout ce que vous voudrez, *mais obéissez !* » Il y a partout limitation de la liberté. Mais quelle limitation est contraire aux Lumières ? Laquelle ne l'est pas, et en revanche lui est avantageuse ? Je réponds : l'*usage public* de notre raison doit toujours être libre, et lui seul peut amener les Lumières parmi les hommes ; mais son *usage privé* peut être très sévèrement limité, sans pour cela empêcher sensiblement le progrès des Lumières. J'entends par usage public de notre propre raison celui que l'on en fait comme *savant* devant l'ensemble du public *qui lit*[8]. J'appelle usage privé ce qu'on a le droit de faire de sa raison dans un *poste civil* ou une fonction déterminée qui vous sont confiés. Or, il y a pour maintes affaires qui

---

8. Dans *Le Conflit des facultés* (AK* VII, 89), Kant écrira : « Faire pénétrer les Lumières dans le peuple, c'est enseigner publiquement au peuple ses devoirs et ses droits à l'égard de l'État auquel il appartient. » Il revient au philosophe, ce « savant », de proclamer et d'interpréter la législation ; c'est en cela qu'il est un propagateur des Lumières, qu'il rend publics les droits et devoirs du citoyen. De fait, « l'interdiction de la publicité interdit le progrès d'un peuple vers le mieux jusqu'en ce qui concerne la moindre de ses exigences, c'est-à-dire simplement son droit naturel ».

* AK désigne l'édition de l'Académie de Berlin (*Kants gesammelte Schriften*, Berlin, de Gruyter, 1923, 28 vol.), édition de référence entreprise dès 1894 par Dilthey ; le chiffre romain désigne le tome, les chiffres arabes désignent les pages dans le tome.

concourent à l'intérêt du bien public[9] un certain mécanisme qui est nécessaire et par le moyen duquel quelques membres de la communauté doivent simplement se comporter passivement afin d'être tournés, par le gouvernement, grâce à une unanimité artificielle, vers des fins publiques ou du moins pour être empêchés de détruire ces fins. Là il n'est donc pas permis de raisonner ; il s'agit d'obéir. Mais, qu'une pièce de la machine se présente en même temps comme membre d'une communauté, et même de la société cosmopolitique[10], en qualité de savant, qui, en s'appuyant sur son propre entende-

---

9. C'est-à-dire l'État, en tant qu'instance unificatrice du genre humain, la collectivité, le corps social (*Gemeinwesen*).

10. L'idée de cosmopolitisme est empruntée par Kant à la philosophie hellénistique – en particulier aux stoïciens. Pour ces derniers, tous les hommes sont « citoyens du monde », ils obéissent ensemble aux lois de la nature qu'ils connaissent et avec lesquelles ils s'accordent. Dans son *Anthropologie d'un point de vue pragmatique*, Kant précisera, en un beau résumé de ses vues en matière de politique, que les hommes « ne peuvent se passer de coexistence pacifique, et, ce nonobstant, ne peuvent éviter de se contrarier sans cesse les uns les autres ; par suite, ils se sentent déterminés par la nature, par le fait d'une contrainte réciproque, à former, sous des lois procédant d'elles-mêmes, une coalition constamment menacée de scission, mais universellement en progrès, jusqu'à instituer une société cosmopolitique : laquelle idée, inaccessible en elle-même, n'est pas un principe constitutif (de l'attente d'une paix durable au sein des actions et réactions humaines les plus animées), mais seulement un

ment, s'adresse à un public par des écrits : il peut tout à fait raisonner, sans qu'en pâtissent les affaires auxquelles il est préposé partiellement en tant que membre passif. Il serait très dangereux qu'un officier à qui un ordre a été donné par son supérieur veuille raisonner dans son service sur l'opportunité ou l'utilité de cet ordre ; il doit obéir. Mais si l'on veut être juste, il ne peut pas lui être défendu, en tant que savant, de faire des remarques sur les fautes en service de guerre et de les soumettre à son public pour qu'il les juge. Le citoyen ne peut pas refuser de payer les impôts qui lui sont réclamés : même une critique impertinente de ces charges, s'il doit les supporter, peut être punie en tant que scandale (qui pourrait occasionner des désobéissances généralisées). Cette réserve faite, le même individu n'ira pas à l'encontre des devoirs d'un citoyen s'il exprime comme savant, publiquement, sa façon de voir contre la maladresse ou même l'injustice de telles impositions. De même un prêtre est tenu de faire l'enseignement à des catéchumènes[11] et à sa paroisse selon le symbole[12] de

principe régulateur commandant de la poursuivre sans relâche en tant que destination du genre humain, et supposant non sans raison une tendance naturelle orientée vers cette fin » (AK, VII, 331).

11. Ses élèves au catéchisme.

12. Autrement dit, le Credo qui fait l'unité des croyants.

l'Église qu'il sert, car il a été admis sous cette condition. Mais, en tant que savant, il a pleine liberté, et même plus : il a la mission de communiquer au public toutes ses pensées soigneusement pesées et bien intentionnées sur ce qu'il y a d'incorrect dans ce symbole et de lui soumettre ses projets en vue d'une meilleure organisation de la chose religieuse et ecclésiastique. En cela non plus il n'y a rien qui pourrait être porté à charge à sa conscience. Car ce qu'il enseigne par suite de ses fonctions, comme mandataire de l'Église, il le présente comme quelque chose au regard de quoi il n'a pas libre pouvoir d'enseigner selon son opinion personnelle, mais en tant qu'enseignement qu'il s'est engagé à professer au nom d'une autorité étrangère.

Il dira : « Notre Église enseigne telle ou telle chose. Voici les arguments dont elle se sert. » Il tirera en cette occasion pour sa paroisse tous les avantages pratiques de propositions auxquelles il ne souscrirait pas en toute conviction, mais qu'il s'est pourtant engagé à exposer parce qu'il n'est pas entièrement impossible qu'elles renferment une vérité cachée, et qu'en tout cas, du moins, rien ne s'y trouve qui contredise la religion intérieure. Car, s'il croyait y trouver rien de tel, il ne saurait en conscience conserver ses fonctions ; il devrait s'en démettre. Par conséquent, l'usage de sa raison que fait un éducateur en exercice devant son assistance est seulement un *usage privé*, parce qu'il s'agit simplement d'une réunion de famille, si grande que celle-ci puisse être, et, par rapport à elle, en tant que prêtre, il n'est pas libre et ne doit pas non plus l'être, parce qu'il remplit une fonction étrangère. En revanche, en tant que savant qui parle par des écrits au public proprement dit, c'est-à-dire au monde – tel donc un membre du clergé dans l'*usage public* de sa raison –, il jouit d'une liberté sans bornes d'utiliser sa propre raison et de parler en son propre nom. Car prétendre que les tuteurs du peuple (dans les affaires de religion) doivent être eux-mêmes à leur tour mineurs, c'est là une ineptie qui aboutit à la perpétuation éternelle des inepties.

Mais une telle société ecclésiastique, en quelque sorte un concile, ou une honorable Classe[13] (comme elle s'intitule elle-même chez les Hollandais), ne devrait-elle pas être fondée en droit à faire prêter serment sur un certain symbole immuable, pour faire peser par ce procédé une tutelle supérieure incessante sur chacun de ses membres, et, par leur intermédiaire, sur le peuple, et pour précisément éterniser cette tutelle ? Je dis que c'est totalement impossible. Un tel contrat qui déciderait d'écarter pour toujours toute lumière nouvelle du genre humain, est radicalement nul et non avenu ; quand bien même serait-il entériné

13. *Klassis*, en néerlandais, désigne les synodes, les réunions d'ecclésiastes.

par l'autorité suprême, par des diètes impériales[14], et par les traités de paix les plus solennels. Un siècle ne peut pas se confédérer et jurer de mettre le suivant dans une situation qui lui rendra impossible d'étendre ses connaissances (particulièrement celles qui sont d'un si haut intérêt), de se débarrasser des erreurs et en général de progresser dans les Lumières. Ce serait un crime contre la nature humaine, dont la destination originelle consiste justement en ce progrès ; et les successeurs sont donc pleinement fondés à rejeter pareils décrets, en arguant de l'incompétence et de la légèreté qui y présidèrent. La pierre de touche de tout ce qui peut être décidé pour un peuple sous forme de loi tient dans la question suivante : « Un peuple accepterait-il de se donner lui-même pareille loi ? » Éventuellement il pourrait arriver que cette loi fût en quelque manière possible pour une durée déterminée et courte, dans l'attente d'une loi meilleure, en vue d'introduire un certain ordre. Mais c'est à la condition de laisser en même temps à chacun des citoyens, et particulièrement au prêtre, en sa qualité de savant, la liberté de formuler des remarques sur les vices inhérents à l'institution actuelle, et de les formuler d'une

14. Ces diètes sont des assemblées du Saint-Empire romain germanique (962-1806), défait par Napoléon. Elles prononçaient des *recez*, actes par lesquels était recueilli l'ensemble des délibérations de séances.

façon publique, c'est-à-dire par des écrits, tout en laissant subsister l'ordre établi. Et cela jusqu'au jour où l'examen de la nature de ces choses aura été conduit assez loin et assez confirmé pour que, soutenu par l'accord des voix (sinon de toutes), un projet puisse être porté devant le trône : projet destiné à protéger les communautés qui se seraient unies, selon leurs propres conceptions, pour modifier l'institution religieuse, mais qui ne contraindrait pas ceux qui voudraient demeurer fidèles à l'ancienne. Mais, s'unir par une constitution durable qui ne devrait être mise en doute par personne, ne fût-ce que pour la durée d'une vie d'homme, et par là frapper de stérilité pour le progrès de l'humanité un certain laps de temps, et même le rendre nuisible pour la postérité, voilà ce qui est absolument interdit.

Un homme peut bien, en ce qui le concerne, ajourner l'acquisition d'un savoir qu'il devrait posséder. Mais y renoncer, que ce soit pour sa propre personne, et bien plus encore pour la postérité, cela s'appelle violer les droits sacrés de l'humanité et les fouler aux pieds. Or, ce qu'un peuple lui-même n'a pas le droit de décider quant à son sort, un monarque a encore bien moins le droit de le faire pour le peuple, car son autorité législative procède justement de ce fait qu'il rassemble la volonté générale du peuple dans la sienne propre. Pourvu seulement qu'il veille à ce que toute amélioration réelle ou supposée se concilie avec l'ordre civil, il peut pour le reste laisser ses sujets faire de leur propre chef ce qu'ils trouvent nécessaire d'accomplir pour le salut de leur âme ; ce n'est pas son affaire, mais il a celle de bien veiller à ce que certains n'empêchent point par la force les autres de travailler à réaliser et à hâter ce salut de toutes les forces en leur pouvoir. Un monarque porte préjudice à sa majesté même s'il s'immisce en cette affaire en donnant une consécration officielle aux écrits dans lesquels ses sujets s'efforcent de tirer leurs vues au clair, soit qu'il le fasse sous sa propre et très haute autorité, ce en quoi il s'expose au grief *Cæsar non supra grammaticos*[15], ou, pis encore, s'il abaisse sa suprême puissance assez bas pour protéger dans son État le despotisme clérical et quelques tyrans contre le reste de ses sujets.

Si donc maintenant on nous demande : « Vivons-nous actuellement dans un siècle éclairé ? », voici la réponse : « Non, mais bien dans un siècle en marche vers les Lumières. » Il s'en faut encore de beaucoup, au point où en sont les choses, que les humains, considérés dans leur ensemble, soient déjà en état, ou puissent seulement y être mis, d'utiliser avec maîtrise et profit leur propre entendement, sans le secours d'autrui, dans les choses de la religion.

15. « César n'est pas au-dessus des grammairiens », l'autorité de l'empereur doit rester dans la limite de l'autorité des savants.

Toutefois, qu'ils aient maintenant le champ libre pour s'y exercer librement et que les obstacles deviennent insensiblement moins nombreux, qui s'opposaient à l'avènement d'une ère générale des Lumières et à une sortie de cet état de minorité dont les hommes sont eux-mêmes responsables, c'est ce dont nous avons des indices certains. De ce point de vue, ce siècle est le siècle des Lumières, ou siècle de Frédéric[16].

Un prince qui ne trouve pas indigne de lui de dire qu'il tient pour un devoir de ne rien prescrire dans les affaires de religion aux hommes, mais de leur laisser en cela pleine liberté, qui par conséquent décline pour son compte l'épithète hautaine de *tolérance,* est lui-même éclairé : et il mérite d'être honoré par ses contemporains et la postérité reconnaissante, eu égard à ce que le premier il sortit le genre humain de la minorité, du moins dans un sens gouvernemental, et qu'il laissa chacun libre de se servir, en tout ce qui est affaire de conscience, de sa propre raison. Sous lui, des

---

16. Kant évoque ici Frédéric II (1712-1786), surnommé « Frédéric le Grand », célèbre roi de Prusse, dont l'influence fut considérable au XVIIIe siècle. Juriste de formation, il est à l'origine d'un *Corpus juris Fredericanum* inachevé. Considéré à juste titre comme un « despote éclairé », il est l'auteur d'œuvres politico-philosophiques et littéraires. Il s'est notamment illustré en se faisant le protecteur, *via* son ministre von Zedlitz (à qui Kant a d'ailleurs dédié la *Critique de la Raison pure*), des pasteurs progressistes, tout en exerçant un pouvoir absolu dans son pays.

prêtres vénérables ont le droit, sans préjudice des devoirs professionnels, de proférer leurs jugements et leurs vues qui s'écartent du symbole officiel, en qualité d'érudits, et ils ont le droit de les soumettre librement et publiquement à l'examen du monde, à plus forte raison toute autre personne qui n'est limitée par aucun devoir professionnel. Cet esprit de liberté s'étend encore à l'extérieur, même là où il se heurte à des obstacles extérieurs de la part d'un gouvernement qui méconnaît son propre rôle. Cela sert au moins d'exemple à ce dernier pour comprendre qu'il n'y a pas à concevoir la moindre inquiétude pour la durée publique et l'unité de la chose commune dans une atmosphère de liberté. Les hommes se mettent d'eux-mêmes en peine peu à peu de sortir de la grossièreté, si seulement on ne s'évertue pas à les y maintenir.

J'ai fait porter le point essentiel de l'avènement des Lumières, à savoir la sortie des hommes hors de l'état de minorité où ils sont retenus par leur propre faute, surtout sur les *questions de religion*, parce que, en ce qui concerne les arts et les sciences, nos maîtres n'ont aucun intérêt à jouer le rôle de tuteurs sur leurs sujets ; par-dessus le marché, cette minorité dont j'ai traité est la plus préjudiciable et en même temps la plus déshonorante de toutes[17]. Mais la façon de pen-

17. La stigmatisation du caractère obscur de certaines pratiques religieuses est évidente. Elle s'inscrit dans la continuité de la thèse

ser d'un chef d'État qui favorise les Lumières va encore plus loin et reconnaît que, même du point de vue de sa *législation*[18], il n'y a pas de danger à permettre à ses sujets de faire un usage *public* de leur propre raison et de produire publiquement à la face du monde leurs idées touchant une élaboration meilleure de cette législation même au travers d'une franche critique de celle qui a déjà été promulguée ; nous en avons un exemple illustre, par lequel aucun monarque n'a surpassé celui que nous honorons.

Mais aussi, seul celui qui, éclairé lui-même, ne redoute pas l'ombre, tout en ayant sous la main une armée nombreuse et bien disciplinée pour garantir la tranquillité publique, peut dire ce qu'un État libre[19] ne peut oser : « Raisonnez tant que vous voudrez et sur les sujets qu'il vous plaira, mais obéissez ! »

---

exposée par Mendelssohn dans son essai intitulé *Jérusalem* (1783) : l'auteur y dénonçait notamment l'Église chrétienne et le fait qu'elle réclame de ses prêtres un engagement complet et absolu sur les dogmes et les livres sacrés. Autant réclamer d'eux l'abdication totale de leur liberté de conscience ! Un tel contrat entre l'Église et ses ministres est pour le moins illégitime selon Mendelssohn.

18. Kant fait peut être ici référence aux débats publics qui prirent place lors de la réforme du code civil prussien (*Preußisches allgemeines Landrecht*), l'œuvre du juriste Svarez.

19. En allemand, *Freistaat,* cet État où le peuple est souverain car il détient le pouvoir législatif, l'État qui a aboli la monarchie.

Ainsi les affaires humaines prennent ici un cours étrange et inattendu : de toute façon, si on considère celui-ci dans son ensemble, presque tout y est paradoxal. Un degré supérieur de liberté civile paraît avantageux à la liberté de l'*esprit* du peuple et lui impose néanmoins des limites infranchissables ; un degré moindre lui fournit l'occasion de s'étendre de tout son pouvoir. Une fois donc que la nature sous cette rude écorce a libéré un germe, sur lequel elle veille avec toute sa tendresse, c'est-à-dire cette inclination et cette disposition à la libre *pensée,* cette tendance alors agit graduellement à rebours sur les sentiments du peuple (ce par quoi le peuple augmente peu à peu son aptitude à *se comporter en liberté*) et pour finir elle agit même en ce sens sur les *fondements du gouvernement,* lequel trouve profitable pour lui-même de traiter l'homme, qui est alors *plus qu'une machine*[20], selon la dignité qu'il mérite*.

Emmanuel KANT

* Dans les *Nouvelles hebdomadaires de Büschning* du 13 septembre, je lis aujourd'hui 30 du même mois l'annonce de la *Berlinische Monatsschrift,* où se trouve la réponse de M. Mendelssohn à la même question.

---

20. L'homme est plus qu'un rouage de cette grande machine qu'est l'État, sa dignité l'élève bien au-dessus.

Je ne l'ai pas encore eue entre les mains ; sans cela elle aurait arrêté ma présente réponse, qui ne peut plus être considérée maintenant que comme un essai pour voir jusqu'où le hasard peut réaliser l'accord des pensées.

Moses Mendelssohn

Sur la question : que signifie « *aufklären* »[1] ?

Les mots *Aufklärung*[2], Civilisation, Culture[3] sont encore de nouveaux arrivants dans notre langue. Ils

---

1. Nous avons pris le parti de laisser ce dernier mot en allemand ; ceux qui pourraient induire en erreur se trouvent dans les notes. Ce n'est pas le lieu d'une explication sémantique d'*Aufklärung* et de ses composés ; mentionnons deux textes : celui de J. C. Adelung, « le bibliothécaire de l'électeur de Saxe auquel la littérature allemande a de grandes obligations » (H. S. Formey in *Registre...*, 27 septembre 1787, fol. 29r), qui, dans son *Grammatisch-Kritisches Wörterbuch der Hochdeutschen Mundart* (Wien, 1807) déclare ne jamais employer le terme au pluriel (Bd I, p. 503) ; et la note de J. G. Hamann dans sa lettre à C. J. Kraus (18 décembre 1784, *Briefwechsel*, hrsgb A. Henkel, Frankfurt/M 1965, Bd. V, p. 291 : « Meine Verklärung der Kantschen Erklärung läuft also darauf hinaus, dass *wahre Aufklärung...* » On pourrait multiplier les exemples ! Les notes du traducteur sont indiquées (N.d.T.).
L'*Aufklärung* désigne non seulement un courant philosophique qui s'affirme en Allemagne dans la seconde moitié du XVIIIe siècle, mais aussi l'époque, comme le terme « les Lumières » en France. Les notes de Cyril Morana sont indiquées (N.d.É.).
2. En allemand, le substantif féminin *Aufklärung* est d'abord un

appartiennent pour l'instant seulement à la langue des livres ; le vulgaire les comprend à peine. Cela suffit-il à faire la preuve que la chose soit encore nouvelle chez nous ? Je ne le crois pas. On dit d'un certain peuple qu'il n'a pas de mot précis pour *vertu*, pour *superstition*, bien qu'au même moment on puisse à bon droit lui accorder les deux pour une bonne part.

Cependant, l'usage de la langue qui semble vouloir reconnaître une différence entre ces mots de signification égale n'a pas encore eu le temps d'en fixer les limites. Culture, Civilisation et *Aufklärung* sont des modifications de la vie sociale, des effets du zèle et des efforts des hommes pour améliorer leur condition sociale.

Plus la condition sociale d'un peuple est mise en

---

terme de chimie : il désigne le processus de clarification d'un liquide. Par extension, il signifie la clarification d'un problème, son élucidation, et plus précisément le processus même de cette clarification. Ainsi, lorsque le français traduit *Aufklärung* par « Lumières », il ne rend qu'imparfaitement cette idée de processus, de progression vers la clarté : il s'agit d'une progression des lumières de l'esprit. L'*Aufklärer* est l'individu éclairé qui propage les Lumières, l'artisan de l'universalisation et de la publicité des Lumières, le maître qui forme des disciples. (N.d.É.)

3. *Aufklärung* [les Lumières], *Kultur* [Civilisation], *Bildung* [Culture]. Nous avons naturellement respecté paragraphes, italique et parenthèses, ajoutant un mot entre crochets pour faciliter la lecture (N.d.T.).

harmonie avec la destination de l'homme[4] par l'art et le zèle, plus ce peuple a de la Culture.

La Culture se décompose en Civilisation[5] et *Aufklärung*. La première[6] semble plutôt incliner au *pratique* : à la bonté, la finesse et la beauté dans l'artisanat, aux arts[7] et aux mœurs sociales (objectif) ; à la dextérité, au zèle, à l'habileté pour l'une, aux inclinations, instincts et à l'habitude pour l'autre (subjectif). Plus elles correspondent chez un peuple à la destination de l'homme, plus on lui accordera de Civilisation ; de même accordera-t-on à une parcelle de terre d'autant plus de fécondité[8] qu'elle a

4. Mendelssohn fait explicitement référence à l'ouvrage de J. J. Spalding (1714-1804), intitulé *Betrachtungen über die Bestimmung des Menschen* (Greifswald, 1748). Cette destination de l'homme [« *Bestimmung des Menschen* »], dont l'horizon est précisément d'être éclairé, est associée par Spalding à l'idée d'*Aufklärung*, et l'on trouve jusqu'à Fichte les traces de cette étroite relation. L'ouvrage de Spalding a connu treize éditions successives et deux traductions françaises au XVIIIe siècle, c'est dire le succès et l'importance de cette étude pour ses contemporains (N.d.É.).

5. J. S. Semler, *Abhandlung von freier Untersuchung des Canons* (Halle, 1771-1776), § 10 au sujet des Juifs. Emprunt explicite de Wieland, *op. cit.*, III 503/9 et 695/5 dans un sens plus éloigné (N.d.T.).

6. *Jene* (N.d.T.). Mendelssohn fait ici référence à la civilisation (N.d.É.).

7. *Handwerken, Künste* (litt. : « le faire avec les mains ») (N.d.T.).

8. *Kultur und Anbau* (N.d.T.).

été mise en état de produire le nécessaire à l'homme par son zèle. *Aufklärung* au contraire semble plus se rapporter au *théorique,* à la connaissance rationnelle (objective) et à l'habileté (subjective)[9] utile à la réflexion rationnelle sur les choses de la vie humaine selon leur importance et influence sur la destination de l'homme. Je place en permanence la destination de l'homme comme mesure et but de toutes nos aspirations et de tous nos efforts, comme un point sur lequel nous devons diriger nos yeux si nous ne voulons pas nous perdre.

Une langue acquiert *Aufklärung* par les sciences et Civilisation par le commerce social[10], la poésie et la rhétorique. Le premier la rend plus habile pour l'usage théorique, la seconde pour l'usage pratique. Les deux réunis donnent à une langue la Culture.

En apparence, la Civilisation c'est le *vernis*[11]. Bénie soit la nation dont le vernis est l'effet de la Civilisation et de l'*Aufklärung,* dont l'éclat extérieur et la finesse intérieure ont pour fondement une solide authenticité.

---

9. (*objekt*)... (*subjekt*) (N.d.T.).

10. *Umgang,* le commerce, les relations interindividuelles (N.d.É.).

11. *Politur* ; déjà chez Lessing : *Briefe, die neueste Literatur betreffend,* 1er février 1759 (I, 13) (N.d.T.). [*Kultur in äußerlichen heißt Politur*], *Politur* ayant le sens de « polissage » (N.d.É.).

L'*Aufklärung* est à la Civilisation ce que, en général, la théorie est à la pratique, comme la connaissance l'est à la morale[12], comme la critique l'est à la virtuosité. Considérées en soi et pour soi (objectivement), elles sont dans la connexion la plus précise[13] bien que subjectivement elles puissent être très souvent séparées.

On peut dire : les Nürembergeois ont plus de Civilisation, les Berlinois plus d'*Aufklärung* ; les Français plus de Civilisation, les Anglais plus d'*Aufklärung* ; les Chinois plus de Civilisation et moins d'*Aufklärung*. Les Grecs avaient les deux, Civilisation et *Aufklärung*. Ils étaient une nation *cultivée* comme leur langue est une langue *cultivée*. En général, la langue d'un peuple est le meilleur témoin de sa Culture, de sa Civilisation comme de son *Aufklärung*, de leur étendue comme de leur intensité.

En outre, la destination de l'homme se divise en : 1) la destination de l'homme considéré comme *homme* ; 2) la destination de l'homme considéré comme *citoyen*.

En ce qui concerne la Civilisation, ces considérations se rejoignent en ce sens que toutes les perfections pratiques n'ont de valeur que mises en rapport avec la vie sociale et qu'elles doivent par conséquent

---

12. *Sittlichkeit* (N.d.T.).

13. Autrement dit, dans le plus exact des rapports (N.d.É.).

correspondre uniquement à la destination de l'homme comme membre de la société. L'*Homme en tant qu'homme n'a pas besoin de Civilisation,* mais il a besoin d'*Aufklärung.*

Condition[14] et métier dans la vie civile déterminent pour chacun de ses membres *devoirs* et *droits,* exigent donc en proportion des mêmes une autre habileté et capacité, d'autres inclinations, d'autres instincts, d'autres mœurs et habitudes, une autre *Civilisation,* un autre *vernis*[15]. Plus ceux-ci, quelle que soit leur condition, s'accordent à leur métier, c'est-à-dire à leurs destinations respectives comme membres de la société, plus la nation a de Civilisation.

Ils exigent aussi pour chaque individu, en fonction de sa condition et de son métier, d'autres *connaissances* théoriques[16] et une autre capacité à acquérir ces dernières, un autre degré d'*Aufklärung.* L'*Aufklärung* qui intéresse l'homme en tant qu'homme est *universelle,* quel que soit l'état de chacun ; l'*Aufklärung* de l'homme considéré comme citoyen se modifie selon sa *condition* et son *métier.* La destination de l'homme pose ici à maintes reprises la mesure et le but de ses efforts.

---

14. *Stand.* Autrement dit, l'état ou la condition (N.d.É.).
15. *Politur,* vernis ou état polissé/policé. Entendu ici comme savoir-vivre (N.d.É.).
16. *Theoretischen Einsichten* (N.d.T.).

D'après cela, l'*Aufklärung* d'une nation devrait se comporter : 1) comme la masse de la connaissance ; 2) de son importance, c'est-à-dire son rapport à la destination a) de l'homme, b) du citoyen ; 3) de sa propagation à travers toutes les conditions ; 4) en proportion de son métier. Il y aurait par conséquent aussi à déterminer le degré d'*Aufklärung* du peuple[17] d'après une combinaison composée au moins de manière *quadruple,* dont les éléments sont pour partie composés eux-mêmes encore d'éléments de rapport plus simple.

L'*Aufklärung* de l'homme peut entrer en conflit avec l'*Aufklärung* du citoyen[18]. Certaines vérités qui sont utiles à l'homme en tant qu'homme peuvent parfois lui nuire en tant que citoyen. On doit prendre ici ce qui suit en considération. La collision peut naître entre : 1) les [destinations] essentielles de l'homme ou 2) les destinations accidentelles de l'homme[19] avec

17. *Volksaufklärung* (N.d.T.).

18. *Menschenaufklärung, Bürgeraufklärung* (N.d.T.).

19. *Zufälligen* (N.d.T.).

La langue philosophique distingue l'essentiel de l'accidentel : l'accident est ce qui se différencie de l'essence et de la substance pour désigner ce qui existe non en soi-même mais en autre chose. Par extension, on peut comprendre que la destination essentielle de l'homme est sa destination nécessaire, principale, indispensable, alors que sa destination accidentelle serait pure contingence, fortuite, secondaire. Cependant, cette dernière destination va se

3) les [destinations] essentielles du citoyen ou 4) les destinations non essentielles, accidentelles[20].

Sans les destinations essentielles de l'homme, ce dernier tombe au rang de bétail ; sans les [destinations] non essentielles, il n'est pas une créature aussi bonne et merveilleuse. Sans les destinations essentielles de l'homme comme citoyen, la constitution de l'État cesse d'exister ; sans les destinations non essentielles, elle ne demeure plus la même dans certains rapports secondaires.

Malheureux est l'État qui doit avouer qu'en lui la destination essentielle de l'homme ne peut s'harmoniser avec la [destination] essentielle du citoyen, que l'*Aufklärung*, qui est indispensable à l'humanité, ne peut se propager à tous les États de l'Empire sans que la constitution ne soit en danger de périr. Que la philosophie se taise ! Que la nécessité prescrive ici ses lois ou, mieux, forge des chaînes à poser sur l'humanité

---

révéler également nécessaire, notamment pour l'équilibre social (N.d.É.).

20. Nous rendons « *ausserwesentlichen* » par « non essentielles », réservant le mot inessentiel à « *unwesentlich* ». Moses Mendelssohn s'explique sur ces termes dans une lettre à August Hennings du 27 novembre 1784 ; *JA*, XIII, 236/36 : « Les destinations essentielles de l'homme se rapportent à l'*être-là* (*Dasein*), les destinations non essentielles à l'*être-mieux* (*Bessersein*). » Le débat sur ce texte occupe une partie de la correspondance précitée (21 octobre, 27 novembre et 3 décembre 1784). (N.d.T.)

afin de la courber et de la conserver durablement sous le joug !

Mais quand les destinations non essentielles de l'homme entrent en conflit avec les destinations essentielles ou non essentielles du citoyen, des règles doivent être établies d'après lesquelles on doit faire des exceptions et résoudre les cas de collision.

Quand les destinations essentielles de l'homme sont malheureusement en conflit avec les destinations non essentielles elles-mêmes, quand il n'est pas permis de propager certaines vérités utiles à l'honneur de l'homme sans déchirer les principes de la religion et de la morale qui se trouvent en lui, dans ce cas, l'*Aufklärer*[21], ami des vertus, devra alors agir avec attention et précaution et supporter les préjugés plutôt que de rejeter la part de vérité qui leur est si étroitement liée. Il est vrai que cette maxime est devenue une bonne arme de défense de l'hypocrisie et que nous lui devons plusieurs siècles de barbarie et de superstition. Toutes les fois que l'on a voulu attaquer le crime, il s'est retranché dans ce sanctuaire. D'ailleurs sans compter cela, l'ami des hommes sera toujours soucieux de cette considération, même dans les temps les plus éclairés[22]. Il est difficile, mais non

21. Le propagateur des Lumières (N.d.É.).
22. Première et seule occurrence où la traduction (de *aufgeklärten Zeiten*) ne fausse pas le sens (N.d.T.).

impossible, de trouver dans ce cas la frontière qui sépare ici aussi l'usage de l'abus.

Plus noble est une chose dans sa perfection, dit un écrivain hébreu, plus abjecte est-elle dans sa putréfaction[23]. Un bois pourri n'est pas aussi abominable qu'une fleur fanée, elle-même moins répugnante qu'un animal décomposé et ce dernier pas aussi abominable que l'homme dans sa putréfaction. Ainsi, il en va de même avec la Culture et les Lumières : plus elles sont nobles dans leur épanouissement, plus abjectes sont-elles dans leur décomposition et corruption[24].

L'abus d'*Aufklärung* affaiblit le sentiment moral, conduit à l'*entêtement*, à l'*égoïsme*, à l'*irreligion* et à *l'anarchie*. L'abus de Civilisation crée *opulence*, *hypocrisie*, *mollesse*, *superstition* et *esclavage*.

---

23. *Michna : Jadayim*, IV, 6 (éd. G. Lisowsky, Berlin, 1956, pp. 73-75 ; éd. M. Auerbach, Bâle, 1968, pp. 655-656). Il s'agit d'une paraphrase. N. Hinske qui cite Aristote : *Politique* : I, 2, 1253 ass (éd. H. Rackham, p. 12) accorderait-il foi au témoignage de Cléarque ? (Josèphe, *Contr. Ap.*, I, 176-182, et Eusèbe, *Praep. Ev.*, IX, 5 et XIII, 12). On trouve aussi une pensée semblable chez Hume (N.d.T.).

24. La pensée de la perversion de l'*Aufklärung* est bien plus fréquente qu'on ne veut le croire ; Kant bien sûr, mais aussi Nicolai et Formey ! (N.d.T.)

La question posée à l'*Aufklärung* par les intellectuels de son temps peut ainsi être résumée : et si la raison conduisait tout droit à la barbarie ? (N.d.É.)

Où l'*Aufklärung* et la Civilisation progressent à pas égaux, elles sont l'une pour l'autre les meilleurs moyens de défense contre la corruption. Leur manière de périr est de s'opposer sur-le-champ l'une à l'autre.

La Culture d'une nation qui, selon l'explication citée plus haut, est composée de Civilisation et d'*Aufklärung*, sera alors beaucoup moins sujette à la corruption.

Une nation cultivée ne connaît elle-même d'autre danger que la *démesure* de son *bonheur national*, laquelle, tout comme la pleine santé du corps humain, peut être déjà en soi et pour soi appelée une maladie ou le passage à la maladie. Une nation qui, par la Culture, atteint le plus haut degré du bonheur national est, par là même, en danger de s'effondrer parce qu'elle ne peut pas progresser plus haut. Tout ceci nous conduit cependant trop loin de la question présente !

Moses MENDELSSOHN

Éclairer les Lumières

Le siècle des Lumières allemandes est surtout celui d'un souverain, Fréderic II, né en 1712, dit « Frédéric II le Grand ». Il règne sur la Prusse de 1740 à sa mort en 1786. Ce roi va progressivement faire de son pays une entité homogène et hégémonique, centralisée et planifiée, rationalisée à l'extrême[1]. En « despote éclairé », épithète qui le caractérise bien[2], il dirige son pays d'une main de fer (ses ministres exécutent ses décisions, les provinces n'ont aucun pouvoir, le clergé lui est soumis, etc.), tout en nourrissant une réflexion philosophique sur la fonction du politique et l'intérêt général. Frédéric II est un théoricien du pouvoir politique[3] qui inscrit sa réflexion dans la perspective contractuelle propre aux philosophes français du droit naturel dont il est un lecteur assidu[4] : l'autorité du souverain n'est pas de droit divin, mais fondée sur un contrat passé entre le peuple et celui-ci. Ce roi qui pense ne se préoccupe pas seulement de son pouvoir, il se veut également au service de son État : ce service, il le rend notamment en assurant la liberté de conscience et d'expression, la protection d'un certain nombre de pasteurs « éclairés », et en veillant soigneusement à l'unité du corps social. Il comprend que la puissance de la Prusse est à la mesure du développement de ses Lumières, et il se fait l'allié des penseurs en encourageant l'exercice de la raison, dans la mesure où cet exercice coïncide avec l'affermissement de la légitimité de son pouvoir. Le XVIIIe siècle est, en Prusse, celui du développement des universités et du prestige de ses enseignants. Kant incarne précisément la figure de cette nouvelle caste prestigieuse, amenée à jouer un rôle prépondérant dans l'essor du pays. Ajoutons qu'à partir de 1750 le gouvernement prussien crée les premières Écoles normales, dont les effets pourront être mesurés dès la fin du siècle : l'analphabétisme aura considérablement reculé, et plus de la moitié des jeunes Prussiens sauront lire et écrire.

Un tel terreau ne pouvait qu'être propice à une révolution intellectuelle. On croit souvent à tort que la philosophie des Lumières est d'abord l'œuvre des encyclopédistes et intellectuels français[5]. Si ces derniers ont largement contribué à la propagation des Lumières, sa philosophie a d'abord vu le jour en Angleterre (notamment grâce aux travaux des philosophes empiristes, tels Bacon, Berkeley ou Locke, puis Hume[6]) et en Prusse, où l'influence du protestantisme est évidente dans les idées fondamentales de l'*Aufklärung* : unité et immuabilité de la Raison, Liberté, Progrès du genre humain, etc. L'esprit des Lumières est optimiste, en particulier quant à l'avenir de l'homme. Comme l'écrit justement Victor Delbos, le penseur des Lumières est persuadé que « l'ensemble des événements et des actes humains forme une série ordonnée dont chaque terme est un degré dans l'expression ou la réalisation de la vérité [7] ». En 1783, lorsque le pasteur Zöllner défie les savants de son temps et remet en question l'*Aufklärung*, nous sommes à l'apogée des Lumières, au moment même où commencent à affleurer les premières critiques, les premiers doutes sur la valeur de son idéologie. Frédéric II est en fin de règne, on s'attend à sa mort prochaine, et l'on s'inquiète d'un possible retour de l'absolutisme et de l'obscurantisme, tandis que d'autres s'insurgent contre les organisations qui se sont créées dans le sillage de ces nouvelles idées et de cette nouvelle conception de l'homme, notamment les loges maçonniques : les

Lumières auraient-elles échoué à éclairer durablement un peuple qui semble s'être progressivement lassé des promesses non tenues ?

La littérature contemporaine se fait l'écho d'une telle crispation[8] : on tourne en dérision les idées des Lumières, et dans la mouvance du *Sturm und Drang*[9], courant littéraire précurseur du romantisme, on remet en cause le rationalisme au profit de l'irrationalisme des instincts, des forces obscures et de l'« esprit du peuple », dont on fait l'apologie.

Remises en cause de toutes parts, les Lumières passeront-elles une telle épreuve du feu ? C'est dans ces circonstances que Mendelssohn et Kant prennent la plume, tant pour défendre les Lumières (leurs articles sont des manifestes engagés), que pour tenter d'éclairer leur lecteur sur ce qu'est et doit être l'*Aufklärung*. Pour autant, les deux philosophes n'apportent pas la même réponse[10].

Moses Mendelssohn est le benjamin de Kant, cinq années les séparent. Né en 1729, formé très jeune à l'étude du Talmud, ce philosophe juif, ami de Lessing et de Nicolai, se veut d'abord un continuateur du rationalisme de Leibniz et de Wolff[11]. Dans son article sur les Lumières, Mendelssohn est autant théologien que philosophe : il s'interroge sur l'origine théologique du mot *Aufklärung*, il cite la *Michna*[12], mais n'en demeure pas moins un homme de son temps ; il a reconnu la thèse des Lumières selon laquelle la raison humaine est, par elle-même, apte à mettre au jour des vérités. Mais cette raison, naturellement présente en chaque homme, doit connaître une éducation si elle veut développer tout son potentiel, faute de quoi l'homme est condamné à rester intellectuellement un enfant. S'il est un premier sens au verbe *aufklären* (« éclairer »), c'est bien celui de développer ce potentiel naturel de compréhension de la raison humaine pour le porter à sa perfection, à sa maturité, à son âge adulte.

Les réflexions de Mendelssohn sur les Lumières relèvent d'abord de sémantique : il rassemble la Culture (*Bildung*), notamment entendue dans sa dimension éducative, la Civilisation (*Kultur*) et les Lumières (*Aufklärung*) pour mieux en marquer les spécificités respectives. La *Bildung* peut être décomposée en deux entités, l'*Aufklärung* et la *Kultur*, dont elle est une synthèse quintessentielle. Seuls les Grecs sont parvenus à une telle synthèse, un tel équilibre (nous sommes à une époque où la réflexion prussienne est fascinée par la Grèce antique qu'elle assimile à un âge d'or). La distinction de l'*Aufklärung* et de la *Kultur* renvoie à celle de la théorie pure et de la pratique, de la connaissance savante et du savoir pratique populaire. L'une comme l'autre sont nécessaires au bon fonctionnement de l'État, et ce que vise Mendelssohn n'est donc pas tant le progrès de Lumières que l'union de la formation théorique et de la vie pratique : la *Kultur* coïncide avec le raffinement des mœurs et le développement des arts, que Mendelssohn assimile à la destination accidentelle de l'homme, les Lumières[13], quant à elles, coïncident en l'État avec la connaissance de la vérité, la destination essentielle de l'homme[14].

Cependant, la vie sociale nous montre que la « destination de l'homme en tant qu'homme » s'articule rarement bien avec la « destination de l'homme en tant que citoyen », le passage de l'*Aufklärung* à la *Kultur* va se révéler difficile et mettre en lumière les contradictions qui peuvent les opposer. En effet, ce qui est utile à l'homme en tant qu'homme n'est pas toujours conforme à l'intérêt de l'homme en tant que citoyen, et parfois, la limitation de la liberté de penser peut s'avérer nécessaire au maintien de l'ordre social existant. Si les devoirs essentiels de l'homme entrent en collision avec ses devoirs accessoires, il est alors bon de renoncer à une vérité, certes utile et honorable pour l'homme en tant qu'homme, mais qui ruinerait la société et la religion avec elle[15]. Cette analyse est illustrée par l'inquiétude manifeste de Mendelssohn à la fin de son article : une dérive des Lumières est toujours possible et peut-être d'ores et déjà en marche. Comme l'écrit justement Jean Mondot, Mendelssohn rejoint ici « les inquiétudes morales de certains de ses contemporains, pour lesquels la pensée libre n'est jamais très loin de la libre pensée, et la liberté du libertinage[16] ». Une trop grande autonomie de la raison est potentiellement problématique. Pour Mendelssohn, il existe bel et bien « un danger de détournement catastrophique de l'effort de connaître, de l'acquisition du savoir[17] », un abus de la raison dont les conséquences funestes consisteraient dans le développement de l'égoïsme et de l'immoralisme[18]. Les Lumières s'avéreront-elles être le progrès définitif de la raison, ou bien plutôt celui de la décadence, systématiquement consécutive aux développements du savoir humain ?

Kant ne partage pas avec Mendelssohn l'idée qu'il faille parfois renoncer, voire s'interdire, de faire passer la théorie à la pratique, de faire profiter le citoyen des progrès de l'homme. Ce serait alors renoncer trop facilement à l'usage de sa raison au profit d'un principe extérieur d'autorité. Ainsi, pour expliquer ce que sont les Lumières,

Kant commence par désigner quel pourrait en être l'obstacle : ce ne sont pas tant les despotes que la paresse humaine qui en empêcherait le développement. Remettre à autrui la direction de nos pensées, accepter la mise sous tutelle de notre capacité à raisonner, défauts dont nous sommes tant coutumiers, revient à nous plonger dans une servitude dont nous mesurons mal les effets néfastes.

La servitude intellectuelle implique le préjugé[19], et les préjugés ont la vie dure. L'action qui libérera la raison humaine devra être adaptée aux circonstances, afin d'éviter le retour d'un obscurantisme tout renforcé de son triomphe sur des Lumières incapables de s'imposer durablement. C'est pourquoi une révolution n'est pas de mise en la matière car, dans l'urgence qui la caractérise, elle ne fait trop souvent que substituer un préjugé à un autre. La réforme et l'émancipation des esprits s'inscrivent dans la durée et elles passent obligatoirement par une conversion intérieure, rendue possible par l'absolument nécessaire liberté de penser et de rendre publique sa pensée.

« Mais j'entends présentement crier de tous côtés : "*Ne raisonnez pas !*" L'officier dit : "Ne raisonnez pas, exécutez !" Le percepteur : "Ne raisonnez pas, payez !" Le prêtre : "Ne raisonnez pas, croyez !" Il n'y a qu'un seul maître au monde qui dise : "*Raisonnez,* autant que vous voudrez et sur tout ce que vous voudrez, *mais obéissez !*" » écrit Kant. Ce « maître » n'est autre que Frédéric II et le secret des Lumières réside peut être tout entier dans cette formule : il faut distinguer un usage privé de la raison, celui qui est permis dans l'usage de la fonction que l'on occupe, et un usage public de la raison, qui caractérise l'usage de la raison propre au savant et au philosophe. En somme, l'usage de la raison doit connaître deux modalités complémentaires : autant il peut être légitime d'exiger du fonctionnaire l'obéissance aux ordres de sa hiérarchie, l'usage privé de sa raison s'effectuera alors dans le strict cadre de cette obéissance, autant il est également légitime de lui accorder la possibilité, hors de la sphère de sa fonction, de remettre cette dernière en question, et plus largement de critiquer publiquement les institutions s'il l'estime nécessaire. En cela réside précisément la liberté de penser par soi-même, ce droit fondamental et caractéristique des Lumières. La remise en cause de ce droit confine au crime absolu, la pire atteinte faite à l'humanité. C'est ici même que Mendelssohn et Kant se séparent pour de bon.

Au moment même où Kant rédige sa réponse à Zöllner, l'humanité européenne est profondément imprégnée des Lumières et de son esprit. Les attentes sont grandes et le besoin de Lumières est bien là ! Les revendications populaires qui se multiplient en attestent. Les hommes ne tolèrent plus qu'on porte atteinte à la dignité humaine, ils réclament justice et droits[20]. L'homme est décidément « plus qu'une machine », et nous ne sommes qu'à quelques mois de cet événement exceptionnel et symptomatique du propos kantien que sera la Révolution française.

L'humanité a soif d'idéal, de morale et d'égalité, elle veut réaliser la fin que la nature lui a assignée : l'union juridique des hommes qui fera de chacun d'eux un « citoyen du monde ». Cette fin n'est accessible à l'homme que par l'usage de sa raison, et Kant l'a bien compris, tout comme Frédéric II lui-même, le despote éclairé qui rend possible l'activité rationnelle dans son État. La réalisation de la paix universelle et le règne de la moralité dépendent de la nature de la constitution civile : contrairement à ce que laisse penser Mendelssohn, qui a peut-être quelques bonnes raisons de mettre en garde contre des forces qui risquent de se déchaîner, un État qui donne à ses citoyens le droit de raisonner et d'exprimer publiquement leurs opinions ne se met pas en péril ; loin de là, il se donne les moyens de l'ordre et de la concorde, et, par un processus qui peut paraître tout à fait paradoxal, il met naturellement fin, à terme, à la révolte et à la désagrégation du corps social.

L'homme est un être capable d'autonomie, apte à penser par lui-même et à être « majeur ». En faire le pari, ce n'est pas s'exposer à la division et à la destruction de la société, et, par là même, de l'humanité qui doit s'y réaliser. C'est, au contraire, donner les moyens à l'humanité de parvenir au bonheur par l'établissement du droit, rendu possible par les progrès de la raison. Telles sont précisément, selon Kant, ces Lumières, cet usage légitime de la raison qu'il faut défendre. Par-delà la réflexion kantienne sur les Lumières, le philosophe prussien s'est mis en demeure de questionner son actualité, la modernité même, en des termes universels. Cette démarche inaugure, selon Michel Foucault, la pensée moderne, une pensée occupée à faire un diagnostic du présent qui permette la compréhension de l'« aujourd'hui », de l'« attitude de modernité »[21]. Si l'optimisme des Lumières a pu paraître pour le moins naïf au regard de ce qu'il a pu engendrer sur le plan historique, si son idéologie universaliste a prêté le flanc à de légitimes critiques, il n'en demeure pas moins qu'elles sont le lieu d'un extraordinaire retour du philosophe dans l'arène socio-politique afin d'y occuper une fonction d'« éclaireur ». La figure de l'intellectuel engagé avait de beaux jours devant elle…

Cyril MORANA

Notes

1. La Prusse des Lumières connaît un bouleversement social et économique : entre 1750 et 1800, son essor démographique est exceptionnel (+ 50%) et s'accompagne d'une croissance économique considérable. L'agriculture y joue un rôle déterminant. Si la société prussienne s'organise autour d'une classe de plus en plus privilégiée, qui regroupe les nobles, les propriétaires terriens, la haute bourgeoisie, les universitaires et les fonctionnaires, la majeure partie de la population vit, cependant, toujours dans une grande misère.
2. Ses contemporains le désignent comme le « roi-philosophe ».
3. Marqué par le *Télémaque* de Fénelon, il est notamment l'auteur d'un *Anti-Machiavel* (1740) et d'un *Essai sur les formes de gouvernement et sur les devoirs des souverains* (1781).
4. Frédéric parlait mieux le français que sa langue maternelle ; alors accueilli à Berlin à la cour du roi, Voltaire, avec qui Frédéric a entretenu une abondante correspondance, s'en émerveille : « Je me trouve ici en France. On ne parle que notre langue. L'allemand est pour les soldats et les chevaux ; il n'est nécessaire que pour la route. En qualité de bon patriote, je suis un peu flatté de ce petit hommage qu'on rend à notre patrie, à trois cents lieues de Paris. Je trouve des gens élevés à Königsberg qui savent mes vers par cœur » (*Lettre au marquis de Thibouville*, le 24 octobre 1750).
5. Bayle, Condillac, Condorcet, Diderot, d'Alembert, d'Holbach,

Fontenelle, Louis de Jaucourt, Jean-François Marmontel, Montesquieu, Jean-Jacques Rousseau, Voltaire, etc.

6. Dès la publication de ses *Political Discourses* en 1752, Hume devient un philosophe réputé et discuté à travers toute l'Europe (*Cf.* Hume, *Du commerce et du luxe*, Mille et une nuits, 2005).

7. Victor Delbos, *La Philosophie pratique de Kant*, PUF, 1926, p. 216.

8. Sur le sujet, on consultera notamment l'ouvrage classique de René Le Forestier, *Les Illuminés de Bavière et la Franc-Maçonnerie allemande*, Hachette, 1914 ; réédition Arché/Milano, 2001.

9. Littéralement, « Tempête et Passion ». Également, Hamann et Herder développent leur philosophie en opposition à celle des Lumières dès la fin des années 1760.

10. Notre premier indice réside dans la différence des titres qu'ils donnent à leur contribution.

11. Récompensé en 1763 par l'Académie des sciences pour son étude sur l'évidence dans la métaphysique, Mendelssohn devient très populaire en 1767 grâce à la publication d'un *Phédon ou de l'immortalité de l'âme*, qui lui assure une réputation internationale. Kant, Goethe puis Hegel en font la lecture et l'admirent. Il est d'abord un penseur juif allemand, peut-être le premier, un métaphysicien qui questionne sa religion en homme des Lumières, un philosophe qui traduit la Bible hébraïque en allemand.

12. La *Michna* (qui signifie « répétition » en hébreu) est la première et la plus importante des sources rabbiniques obtenues par compilation écrite des lois orales juives, et considérée comme le premier ouvrage de littérature rabbinique.

13. Mendelssohn les définit comme « le penser rationnel sur les choses de la vie humaine selon leur importance et influence sur la destination de l'homme ».

14. Cette destination essentielle de l'homme n'est pas clairement définie par Mendelssohn, mais elle rejoint nécessairement des exigences éthiques et esthétiques : l'homme doit vouloir le bien, être en quête de vérité, reconnaître et aimer la beauté…

15. Le philosophe doit alors « se mettre la main sur la bouche ».
16. Jean Mondot, *Qu'est-ce que les Lumières ?*, Presses universitaires de Saint-Étienne, 1991, p. 16.
17. *Ibid.*
18. On sait que la Révolution française, portée au départ par l'optimisme des Lumières, s'est achevée en « Terreur ». En cela, Mendelssohn est visionnaire.
19. *Cf.* Kant, *Critique de la faculté de juger*, § 40.
20. Le sol américain est lui aussi touché par la fièvre des Lumières, notamment par le biais des populations d'émigrés européens qui viennent de déclarer leur indépendance vis-à-vis du royaume britannique.
21. Michel Foucault, *Qu'est-ce que les Lumières ?*, Bréal, 2004, p. 71.

Vies de Emmanuel Kant et de Moses Mendelssohn

1724. Le 22 avril, naissance d'Emmanuel Kant à Königsberg, port de la Baltique en Prusse orientale (aujourd'hui Kaliningrad). Son père est ouvrier sellier.

1729. Le 6 septembre, naissance de Moses Mendelssohn en Prusse, à Dessau. Il passe une bonne partie de son enfance et de son adolescence à étudier le Talmud.

1743. Moses Mendelssohn arrive à Berlin.

1755. Mendelssohn publie notamment des *Lettres sur les sensations*, des *Dialogues philosophiques* et une traduction du *Discours sur les origines et les fondements de l'inégalité parmi les hommes* de Jean-Jacques Rousseau.

1763. Mendelssohn obtient le premier prix de l'Académie de Berlin pour une *Dissertation sur l'évidence dans les sciences métaphysiques.*

1763. Mendelssohn publie le *Phédon ou...*, œuvre qui lui assure une renommée internationale. Il est lu et admiré par toute l'Europe savante.

1770-1781. Pendant que Mendelssohn développe sa réflexion théologique (il publie un commentaire de l'Ecclésiaste en 1770, puis traduit le Pentateuque, la Genèse, l'Exode et le Lévitique qu'il commente, écrit *Les Lois rituelles des juifs*, etc.), Kant révolutionne pour toujours la philosophie occidentale, avec des textes comme la *Dissertation sur la forme et les principes du monde sensible et du monde intelligible* (1770) qui lui vaudra de devenir professeur ordinaire de logique et de métaphysique à l'université de Königsberg, la *Lettre à Marcus Herz* (1772), dans laquelle il pose les fondements de sa philosophie (le « criticisme »), qui culminera avec la publication en 1781 de la *Critique de la raison pure.*

1783. Mendelssohn achève le *Livre des voies de la paix*, devient membre de la « Société du mercredi » (*Mittwochgesellschaft*) et publie son ouvrage le plus célèbre, *Jérusalem, sur le pouvoir religieux et le judaïsme*, dans lequel il inaugure le judaïsme moderne : il y expose l'art de rester authentiquement un juif pratiquant tout en participant activement à la culture du pays dans lequel on réside. De son côté, Kant fait paraître *Prolégomènes à toute métaphysique future qui voudra se présenter comme science*, sorte de résumé de la *Critique de la Raison pure.*

1784. Publication des réponses de Mendelssohn et de Kant à la question du pasteur Zöllner : « Qu'est-ce que les Lumières ? » et de l'*Idée d'une histoire universelle au point de vue cosmopolitique* de Kant, qui montre son intérêt pour l'actualité et la vie politique de son temps.

1785. Parution des *Fondements de la métaphysique des mœurs*, texte fondamental de Kant, qui ne tarde pas, peu de temps après, à être admis, lui aussi, à l'Académie de Berlin.

Mendelssohn publie ses *Heures matinales* (*Morgenstunden*).

1786. Le 4 janvier, mort de Mendelssohn.

1788-1790. Kant expose successivement sa *Critique de la raison pratique* et sa *Critique de la faculté de juger*, et achève ainsi une œuvre « critique » entamée en 1781. Il poursuit en parallèle sa carrière de professeur à l'université de Königsberg.

1794. Après avoir connu la censure deux ans plus tôt au sujet d'un texte intitulé « Sur le mal radical », et avoir rassemblé ses écrits et articles sur la religion dans la *Religion dans les limites de la simple raison*, Kant entre à l'Académie de Saint-Pétersbourg. Il doit promettre au roi, piétiste et conservateur, de s'abstenir désormais de toute publication concernant la religion (promesse rompue en 1798 avec le *Conflit des facultés*).

1795-1796. Kant publie son *Projet de paix perpétuelle*, œuvre politique au retentissement important auprès des intellectuels français contemporains (elle sera traduite dès 1796 dans notre pays), dans laquelle le philosophe montre toute la sympathie qu'il a pour l'idée républicaine et l'intérêt qu'il porte à ce qui est advenu et doit advenir de la Révolution française.

1797. Après avoir cessé d'enseigner à l'université, Kant répond à Benjamin Constant, qui avait remis en cause les principes de sa philosophie du devoir, dans l'opuscule intitulé *Sur un prétendu droit de mentir par humanité.* Avant la fin de l'année, Kant publie enfin la *Métaphysique des mœurs.*

1798. Kant est admis à l'Académie de Vienne.

1804. Le 12 février, mort de Kant à Königsberg, ville qu'il n'a jamais quittée.

Repères bibliographiques

Œuvres de Moses Mendelssohn

- *Gesammelte Schriften Jubiläumsausgabe*, 22 volumes publiés en 29 tomes, Stuttgart, 1971 (abréviation *JA*).
- *Jérusalem ou le pouvoir religieux du judaïsme*, Les Presses d'aujourd'hui, 1982.

Études sur Moses Mendelssohn

- Bourel (Dominique), *Moses Mendelssohn et la Naissance du judaïsme moderne*, Gallimard, 2004.
- Hayoun (Maurice-Ruben), *Moïse Mendelssohn*, PUF, 1997.
- Sorkin (David), *Moïse Mendelssohn, un penseur juif à l'ère des Lumières*, Albin Michel, 1996.

Œuvres de Emmanuel Kant

- *Kants gesammelte Schriften*, 28 volumes, Berlin, 1923 (abréviation AK).
- *Œuvres philosophiques*, 3 volumes, Gallimard, La Pléiade, 1980-1986.
- *Vers la paix perpétuelle. Que signifie s'orienter dans la pensée ? Qu'est-ce que les Lumières ?*, GF, 1991.
- Kant (Emmanuel) /Constant (Benjamin), *Le Droit de mentir*, Mille et une nuits, 2003.

Études sur Emmanuel Kant

- Dekens (Olivier), *Comprendre Kant*, Armand Colin, 2003.
- Delbos (Victor), *La Philosophie pratique de Kant*, PUF, 1926.

Sur les Lumières

- Weber (P.), *Berlinische Monatsschrift (1783-1796), herausgegeben von F. Gedike und J. E. Biester*, Leipzig, Reclam, 1986 (l'essentiel des articles de la revue).
- Cassirer (Ernst), *La Philosophie des Lumières*, Presses-Pocket Agora, 1990.
- Mondot (Jean), *Qu'est-ce que les Lumières ?*, Presses universitaires de Saint-Étienne, 1991.
- Raulet (Gérard), *Aufklärung, les Lumières allemandes*, GF, 1995.

Sur Mendelssohn, Kant et les Lumières

- Bourel (Dominique), « Moses Mendelssohn et l'*Aufklärung* », in *Dix-huitième siècle*, Garnier, n°10, 1978, pp. 13-21.
- Foucault (Michel), *Qu'est-ce que les Lumières ?*, Bréal, 2004.
- Raulet (Gérard), « Us et abus des Lumières, Mendelssohn jugé par Kant », in *Les Études philosophiques*, PUF, n° 3, 1978, pp. 297-313.

Mille et une nuits propose des chefs-d'œuvre pour le temps d'une attente, d'un voyage, d'une insomnie…

La Petite Collection (extrait du catalogue) 528. Denis DIDEROT, *Pour une morale de l'athéisme. Entretien d'un philosophe avec la maréchale de ****. 529. Henry David THOREAU, *Balade d'hiver, Couleurs d'automne.* 530. Damouré ZIKA, *Journal de route.* 531. Sébastien Bailly, *Le Meilleur de l'absurde.* 532. Gilbert Keith CHESTERTON, *La Morale des elfes.* 533. Georges PALANTE, *La Sensibilité individualiste.* 534. CATULLE, *Poèmes à Lesbie et autres poèmes d'amour.* 535. OULIPO, *Oulipo. Pièces détachées.* 536. EÇA DE QUEIROS, *Les Anglais en Égypte.* 537. Joseph de MAISTRE, *Contre Rousseau (De l'état de nature).* 538. ANONYME, *Va te marrer chez les Grecs (Philogelos).* 539. Patrick BESSON, *Et la nuit seule entendit leurs paroles.* 540. Frédéric H. FAJARDIE, *Une charette pleine d'étoiles.* 541. Arthur SCHOPENHAUER, *Métaphysique de l'amour sexuel.* 542. Khalil GIBRAN, *Jésus, Fils de l'Homme.* 543. Emily BRONTË, *Devoirs de Bruxelles.* 544. COLLÈGE DE 'PATAPHYSIQUE, *Le Cercle des pataphysiciens.* 545. Sébastien BAILLY, *Le Meilleur de l'humour noir.* 546. SÉNÈQUE, *L'Art d'apaiser la colère.* 547. Sébastien BAILLY, *Le Meilleur de l'amour.* 548. ARISTOPHANE, *Lysistrata. Faisons la grève du sexe.* 549. Friedrich ENGELS, *La Situation des classes laborieuses en Angleterre. Dans les grandes villes.* 550. Georges COURTELINE, *La Philosophie de Georges Courteline.* 551. Blaise PASCAL, *Trois Discours sur la condition des grands.* 552. Élisée RECLUS, *L'Anarchie.* 553. François CARADEC, *Entrez-donc, je vous attendais.* 554. Benjamin FRANKLIN, *Bagatelles et autres textes.* 555. Honoré DE BALZAC, *Z. Marcas.* 556. Pierre-Auguste RENOIR, *L'Amour avec mon pinceau.* 557. Joachim du BELLAY, *Deffence & Illustration de la langue françoyse.* 558. Blaise PASCAL, *« Il faut parier ».*

Pour chaque titre, le texte intégral, une postface, la vie de l'auteur et une bibliographie.

49.40.1867-8/05
Achevé d'imprimer en septembre 2009
par La Nouvelle Imprimerie Laballery (Clamecy, France).

N° d'impression : 909229